Alexandra Fischer-Hunold

Silbengeschichten zum Lesenlernen

Schulgeschichten

Illustriert von Betina Gotzen-Beek

www.leseloewen.de

ISBN 978-3-7432-0914-5
Überarbeitete Neuausgabe
1. Auflage 2021
© 2005, 2021 Loewe Verlag GmbH, Bindlach
Umschlag- und Innenillustrationen: Betina Gotzen-Beek
Umschlaggestaltung: Jennifer Wunderwald
Printed in the EU

www.loewe-verlag.de

Inhalt

Monsternacht

„Hausaufgaben!", ruft Herr Groten.

„Lest die Monstergeschichte

auf Seite 32. Aber Vorsicht!

Sie ist ganz schön gruselig!"

Timo und Florian zwinkern sich zu.

Florian übernachtet heute bei Timo.

Da kommt ihnen

die Monstergeschichte

gerade recht.

Die Freunde fiebern
dem Abend entgegen.
Endlich ist es Schlafenszeit.
„Hoffentlich ist die Geschichte
auch richtig schön gruselig!",
meint Timo.
Florian nickt zögernd.
Denn zu gruselig
soll sie auch nicht sein.

Sie lesen immer abwechselnd.

Bald sind sie fertig.

Timo schläft sofort ein.

Nur Florian kriegt kein Auge zu.

Er gruselt sich so sehr.

Aber dann nickt auch er ein.

Plötzlich reißt ihn

ein Geräusch aus dem Schlaf.

Er schaut sich

in dem dunklen Zimmer um.

Die Gardine bauscht sich im Wind.

Und dahinter schimmert Licht!

Florian bekommt eine Gänsehaut.

Und wo ist Timo?

Sein Bett ist leer!

Da ertönt eine leise Stimme:

„Jetzt hab ich dich!

Und jetzt fress ich dich!"

12

„Ein Monster",
durchzuckt es Florian.
„Es sitzt hinter dem Vorhang.
Und es hat Timo!"
Florian zittert.

Aber er muss etwas tun.
Schließlich geht es
um seinen besten Freund.
Seit der ersten Klasse
sind sie unzertrennlich.

Florian springt aus dem Bett.

Er reißt die Gardine zur Seite.

Da sitzt tatsächlich ein Monster.

Dieses Monster heißt Timo.

„Gegruselt hab ich mich keine Spur",

lacht Timo.

„Aber die Geschichte

hat mich super hungrig gemacht!"

Er schiebt sich ein Gummibärchen
in den Mund und schmatzt:
„Jetzt hab ich dich!
Und jetzt fress ich dich!"

Projektwoche

Marlene hebt ihren Apfel auf.

Sie verzieht das Gesicht.

Haare und Dreck kleben an ihm.

Marlene schaut sich

im Klassenzimmer der 2b um.

Es ist schmutzig und unordentlich.

Da kommt Frau Floh.

„Die Projektwoche

steht vor der Tür",

sagt die Lehrerin. „Habt ihr

irgendwelche Vorschläge?"

Marlenes Hand schießt in die Luft.

„Jetzt kommt wieder

so eine blöde Mädchenidee!",

ruft Hannes.

Alle Jungen lachen laut los.

Aber das ist Marlene egal.

„Ich finde, wir sollten

unser Klassenzimmer verschönern!"

Sofort stöhnen die Jungen auf.

„Wir streichen alles pink!",

schlägt Caro vor.

„Igitt!", kreischt Birte entsetzt.

„Ich finde rot-weiß gestreift

viel schöner!"

18

„Dürfen wir auch
Graffiti sprühen?",
will Oskar wissen.
„Bei dir piept es wohl!"
Micha zeigt Oskar einen Vogel.

„Ich finde Marlenes Idee super!",
sagt Frau Floh.
„Aber leider fehlt uns das Geld."

„Mein Vater ist doch Malermeister",
erklärt Angela.
„Der kann uns
die Farbe besorgen."
Plötzlich geht alles
wie von selbst.
Frau Floh stellt
Arbeitsgruppen zusammen.
Erst ist Marlene
gar nicht begeistert.

Sie soll mit dem blöden Hannes

die Leseecke verschönern.

Doch als die Projektwoche kommt,

ist Marlene ganz erstaunt.

Hannes hat richtig gute Ideen.

Birte und Caro einigen sich auch.

Sie streichen die Wände

weiß mit rosaroten Blumen.

Und Oskar, Micha und Angela
sprühen auf eine Wand
wilde Graffiti.
Am Ende sind alle einer Meinung:
Die 2b hat das bunteste und tollste
Klassenzimmer der Welt!

Ausflugstag

„Nacheinander in den Bus
einsteigen", rief Frau Hennig.
„Hier wird nicht gedrängelt!"
Lara ließ sich neben Inga
auf den Sitz plumpsen.

„Ich freu mich so auf den Zoo!
Du auch?",
fragte sie aufgeregt.

Aber Inga gab keine Antwort.

„Was ist los?",

fragte Lara erstaunt.

„Geht es dir nicht gut?"

„Ich habe ein bisschen Bauchweh",

flüsterte Inga leise.

„Soll ich Frau Hennig

Bescheid sagen?",

bot Lara besorgt an.

„Nein, bitte nicht!",
rief Inga schnell.
„Ich will doch mit
in den Zoo!
Außerdem wird es sicher
gleich besser!"
Lara nickte unsicher.

Der Bus fuhr los.
Schon bald fing Inga an
zu schwitzen.
Und gleichzeitig war ihr eiskalt.

Sie jammerte leise vor sich hin.

Ihr Bauch tat ja so weh!

„Jetzt reicht es aber!",

entschied Lara plötzlich.

„Ich rufe Frau Hennig!"

„Dann bist du nicht mehr

meine Freundin!",

fauchte Inga wütend.

Aber Lara war entschlossen.

Frau Hennig verständigte den Notarzt.

Inga wurde mit Blaulicht

ins Krankenhaus gebracht.

Ihr Blinddarm hatte sich entzündet.

Sie musste sofort operiert werden.

Als Inga wieder wach wurde,

saß ein Arzt neben ihr.

„Du hast großes Glück gehabt!",

sagte er ernst.

„Das verdankst du deiner Freundin!"

27

Er deutete auf eine Glasscheibe.

Dahinter stand Lara.

Müde hob Inga eine Hand

und winkte.

Lara winkte lächelnd zurück.

„Sie ist doch deine Freundin, oder?",

fragte der Arzt.

Inga nickte eifrig.

„Die beste, die es gibt!"

Hilfe, Entführer!

Endlich war die Schule aus.
Kai schob sein Rad
über den Schulhof.

Da drängte sich ein
Junge an ihm vorbei.
„Tut mir leid!", rief er.
„Hab's tierisch eilig!"
Das war Fredo aus der Zweiten.

Die beiden kannten sich

aus der Fußball AG.

Kai lachte und setzte

den Fahrradhelm auf.

Da bemerkte er ein dunkles Auto.

Im Schritttempo fuhr es vorbei.

Der Fahrer sah sehr verdächtig aus.

Und das Auto kam auch nicht

aus Köln.

30

Jetzt hielt der Wagen bei Fredo.

Der Fahrer redete auf ihn ein.

„Der Kerl will Fredo entführen",

schoss es Kai durch den Kopf.

Wie ein Blitz

schwang Kai sich auf sein Rad.

„Hilfe! Entführer!",

schrie er, so laut er nur konnte.

„Nicht einsteigen, Fredo!"

Gerade noch rechtzeitig
erreichte Kai das Auto.
Er bremste scharf,
packte Fredo am Arm
und riss ihn aus dem Auto heraus.
„Hey, was soll denn das?",
beschwerte sich Fredo.
Einige Schüler und Lehrer
kamen angelaufen.

„Was ist passiert?",
keuchte der Direktor.
„Der Mann da
wollte Fredo entführen!"
Kai zeigte auf den Autofahrer.

Aber der stieg lachend
aus dem Wagen.
Er hielt dem Direktor
seinen Ausweis hin.

„Ich bin Fredos Onkel.

Die letzten Jahre

habe ich in Amerika gelebt.

Da musste ich ganz genau hinsehen,

um meinen Neffen zu erkennen."

Der Direktor nickte.

Mit feuerrotem Gesicht

murmelte Kai eine Entschuldigung.

„Lieber einmal zu viel
um Hilfe gerufen
als einmal zu wenig!
Das hast du schon
ganz richtig gemacht!",
lobte ihn der Direktor.

Der Streich

Enttäuscht packt Matthis

seinen Schulranzen

und setzt sich neben Sinan.

Er hat so sehr gehofft,

dass Frau Roth

ihn neben Ole setzen würde.

Ole ist nämlich total cool.

In der Pause geht Matthis zu ihm.

„Wollen wir Karten spielen?",

fragt Matthis.

„Das ist doch Babykram!",

antwortet Ole.

„Lass uns lieber Sinan ärgern!"

Ole erklärt Matthis

seinen Plan.

Matthis soll sich in der Pause
ins Klassenzimmer schleichen.
In großen Buchstaben soll er
„Sinan stinkt!"
an die Tafel schreiben.
Ole will solange
Schmiere stehen.
„Aber Sinan
stinkt doch gar nicht!",
widerspricht Matthis.

„Wenn du mein Freund sein willst,
dann tust du, was ich sage!",
knurrt Ole.
Matthis schleicht sich
ins Klassenzimmer.

Er fühlt sich gar nicht wohl.
Er nimmt die Kreide in die Hand.
Plötzlich hört Matthis
Schritte auf dem Flur.
Bestimmt Frau Roth!

Aber warum hat Ole

ihn nicht gewarnt?

Da hört Matthis eine Stimme sagen:

„Luca ist hingefallen.

Ich glaube, er hat sich wehgetan."

„Danke, Sinan!",

sagt Frau Roth und eilt davon.

Im nächsten Moment steckt Sinan

den Kopf ins Klassenzimmer.

„Die Luft ist rein!",

verkündet er stolz.

„Aber was machst du
da eigentlich?"
Matthis beißt sich
auf die Unterlippe.
Dann klappt er die Tafel auf,
und Sinan liest:
„Ole spinnt!"

Verliebt, verlobt, verheiratet

Lena stochert lustlos
in ihrem Mittagessen herum.
„Schmeckt es dir nicht?",
erkundigt sich Mama.
„Doch, schon ...",
sagt Lena.
„Aber?" Mama lässt nicht locker.

„Es geht um Bennet,
einen Jungen aus meiner Klasse.
Der ist so süß!",
schwärmt Lena.
„Aber er redet nicht mit mir."
Mama streicht Lena über den Kopf.
„Bennet mag dich sehr.
Aber er ist schüchtern",
erklärt sie.

Lenas Augen werden tellergroß.

„Meinst du echt?"

„Ich kenne auch so jemanden",

fängt Mama an zu erzählen.

„Seit der zweiten Klasse

sind wir zusammen

in die Schule gegangen.

Er hat sich einfach nicht getraut,

mit mir zu reden.

Dabei war er auch so süß!"

Jetzt lächelt Mama
ganz verträumt.
„Und was ist aus ihm geworden?",
will Lena wissen.

„Irgendwann hat er mich
dann angesprochen",
versichert Mama.

„Wir wurden die besten Freunde.

Später haben wir uns

ineinander verliebt.

Und sehr viel später

haben wir geheiratet!"

Lena strahlt Mama glücklich an.

„Na, da kann sich Bennet

ja noch ein bisschen Zeit lassen ...!"

Tauschgeschäft

„Schon wieder ein Leberwurstbrot!",
stöhnte Nicki enttäuscht
und klappte ihre Brotdose zu.
„Hundert Mal
hab ich meiner Mutter gesagt,
dass ich keine Leberwurst mag!"

„Äh, mein Brot

ist schon ganz wabbelig!",

beschwerte sich Mara.

„Immer pappt meine Mutter

Gurkenscheiben

auf den Käse!"

„Mein Vater

hat mir Möhren geraspelt",

seufzte Bille.

Widerwillig schob sie sich
eine Gabel voll in den Mund.
„Meine Mama hat schon wieder
Schokolade für mich eingepackt",
sagte Fina.

„Sie hat es morgens immer so eilig.
Da reicht die Zeit
fürs Broteschmieren nicht."
Fina nahm die Schokolade
und schlenderte
damit zum Papierkorb.

„Willst du die
etwa wegwerfen?",
kreischte Bille.
„Ich kann das klebrige Zeug
echt nicht mehr sehen!",
erwiderte Fina.
„Dann esse ich sie",
rief Bille.
Fina warf Bille die Schokolade zu.

„Magst du dafür

meine Möhren haben?",

bot Bille an.

Aber Fina schüttelte den Kopf.

Stattdessen linste sie ganz gierig

auf Maras Brot.

Mara verstand sofort.

„Hier, nimm!",

sagte sie und reichte Fina

ihr Gurken-Käse-Brot.

Jetzt meldete sich Nicki

zaghaft zu Wort:

„Könnte ich wohl

die Möhren haben?"

Und Mara war ganz scharf

auf Nickis Leberwurstbrot.

Zufrieden genossen alle

ihre Pausenmahlzeit.

„Wir tauschen jetzt jeden Tag!",
schlug Nicki vor.
„Unsere Eltern
lernen es sowieso nie.
Und wir haben endlich das,
was uns schmeckt!"

Der Lehrertest

„Wieso werden
immer nur wir getestet?",
beschwert sich Moritz.
„Heute ist mal Herr Korte dran!"
„Prima Idee!",
freut sich Jan-Niklas.

„Aber in was
wollt ihr ihn testen?",
fragt Katrin.
„Lehrer wissen doch alles!"
„Deshalb wird es auch
kein normaler Test werden",
erwidert Moritz.
Die Kinder stecken
die Köpfe zusammen.

Als es läutet,

flitzen sie schnell

auf ihre Plätze.

Herr Korte betritt

das Klassenzimmer.

„Guten Morgen!",

begrüßt der Lehrer die Kinder.

„Negrom netug!",

rufen die Kinder im Chor.

56

Sie können sich das Kichern
nicht verkneifen.
Herr Korte stutzt.
„Was ist denn mit euch los?",
fragt der Lehrer erstaunt.
„Tset nie tsi sad",
antwortet Moritz prustend.
„Gesundheit!", ruft Herr Korte
und zieht die Stirn kraus.

„Bist du krank, Moritz?"

Die Kinder grölen vor Lachen.

„Dnuseg znag nib hci, nien",

stammelt Moritz.

Der Satz war gar nicht so leicht.

Nach einem kurzen Moment

nickt Herr Korte.

„Nennigeb thcirretnu med tim osla

riw nennök nnad",

sagt Herr Korte seelenruhig.

Ehrfürchtig holen die Kinder
ihre Bücher hervor.
„Mann, haben wir
einen schlauen Lehrer!",
flüstert Jan-Niklas.
Katrin nickt.
„Ja, das war eine glatte Eins!"

Mit der Lektüre von Mary Poppins begann für **Alexandra Fischer-Hunold** die Liebe zu Büchern. Folgerichtig studierte sie später deutsche und englische Literatur. Seitdem liest sie nicht nur, sondern schreibt auch erfolgreich Vorlesegeschichten und Kinderbücher.

Betina Gotzen-Beek, geboren 1965, studierte Malerei und Grafikdesign. Seit 1996 illustriert sie Kinderbücher und lebt heute mit ihrer Familie in Freiburg. Mehr über die Illustratorin erfahrt ihr unter www.gotzen-beek.de.

Mit bunten Silben lesen lernen

Viele spannende und schöne Geschichten zu beliebten Themen erleichtern Ihrem Kind den Start in die Welt der Buchstaben. Die große, gut lesbare und bunte Schulbuchschrift macht Spaß und führt rasch zum ersten Leseerfolg!

In diesem Band sind alle Wörter in farbig markierte Buchstabengruppen, die Sprechsilben, unterteilt. So sind sie für Erstleser einfacher und schneller zu erfassen. Schon Vorschulkinder teilen ein Wort beim Sprechen intuitiv in Silben auf. Durch die farbigen Markierungen der Silben ist es für Kinder viel leichter, die richtige Einteilung auch in geschriebenen Wörtern zu erkennen und den Sinn der Wörter zu begreifen. Auf diese Weise lernen sie schnell, flüssig und fehlerfrei zu lesen.

Zahlreiche bunte Bilder sorgen zusätzlich für Abwechslung und ermöglichen kleine Pausen. Die klare Zuordnung der Bilder zum Geschehen in den Geschichten unterstützt das Textverständnis. So kommen auch weniger geübte Leser schnell zu einem Erfolgserlebnis und Lesen wird zum Kinderspiel!